20
Unidades

Catalogue de bijoux ornés de diamants, perles et pierres de couleurs, broches, bracelets (Éd.1906)

14/15 Décembre 1906

VENTE

Des 14 et 15 Décembre 1906

HOTEL DROUOT, SALLE N° 10

à deux heures

BIJOUX

Ornés de Diamants

Perles et Pierres de couleurs

COMMISSAIRE-PRISEUR

Me PAUL CHEVALLIER

EXPERT

M. LOUIS AUCOC

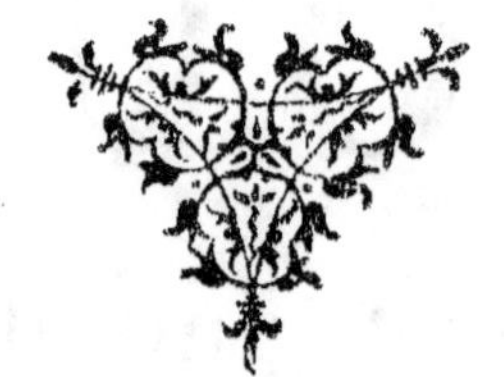

CATALOGUE

DE

BIJOUX

ORNÉS DE

Diamants, Perles et Pierres de couleurs

BROCHES, BRACELETS

COLLIERS, DIADÈMES, BOUCLES D'OREILLES

BAGUES, ETC.

Appartenant à M ***

ET DONT LA VENTE AURA LIEU A PARIS

HOTEL DROUOT, SALLE N° 10

Les Vendredi 14 et Samedi 15 Décembre 1906

à deux heures

COMMISSAIRE-PRISEUR

Mᵉ PAUL CHEVALLIER

10, rue Grange-Batelière, 10

EXPERT

M. LOUIS AUCOC

Président de la Chambre syndicale de la Joaillerie

9, rue du 4-Septembre, 9

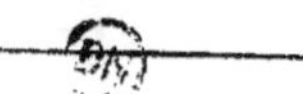

EXPOSITION PUBLIQUE

Le Jeudi 13 Décembre 1906

DE UNE HEURE ET DEMIE A CINQ HEURES ET DEMIE

CONDITIONS DE LA VENTE

————

Elle sera faite au comptant.

Les adjudicataires paieront *dix pour cent* en sus des enchères.

L'exposition mettant le public à même de se rendre compte de l'état et de la nature des objets, il ne sera admis aucune réclamation une fois l'adjudication prononcée.

————

ORDRE DES VACATIONS

Paris. — Imp. Georges Petit, 12, rue Godot-de-Mauroi. — 17250-06.

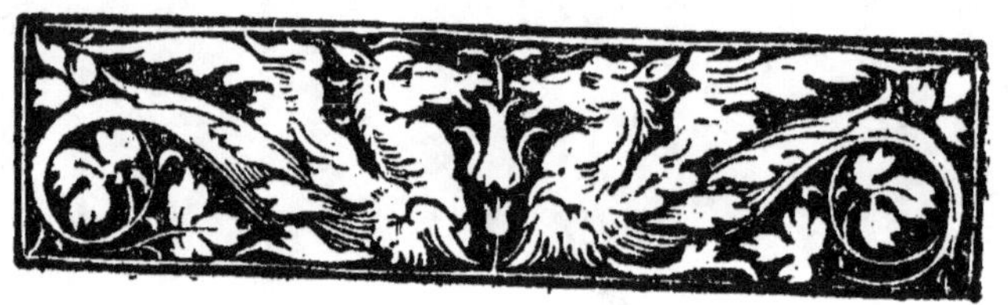

DÉSIGNATION

1 — BROCHE-PENSÉE, brillants sur or.

2 — BRANCHE de corsage, argent doublé or, ornée de roses avec brillant au centre d'une fleur.

3 — BRANCHE de corsage, argent doublé or, roses avec un brillant au centre d'une fleur.

4 — BAGUE à trois corps, saphirs et brillants.

5 — COLLIER de chien, brillants de couleur montés sur or.

6 — COLLIER, brillants et briolettes.

7 — BROCHE, ornée de brillants avec pendeloque perle fantaisie.

8 — Collier à trois rangs, rubis entourés
de brillants.

9 — Bague or, brillant noir entre deux brillants blancs.

10 — Diadème en brillants blancs avec trèfles
or, brillants bruns.

11 — Aigrette, brillants et briolettes.

12 — Camée ovale, buste de femme, entou-
rage brillants.

13 — Camée ovale, buste d'homme, entou-
rage brillants.

14 — Bracelet souple, brillants noirs et
fantaisie, petits brillants blancs.

15 — Broche-papillon, brillants blancs et
brillants bruns.

16 — Bracelet gourmette, cinq grosses
perles de Panama.

17 — Broche-pensée, brillants sur or avec
rubis au centre.

18 — Paire de boutons d'oreilles, brillants et briolettes.

19 — Bracelet souple, composé de onze motifs ronds, brillants blancs, avec trèfles en brillants bruns, au centre de chaque motif.

20 — Bracelet souple, composé de six rectangles en brillants blancs, avec un rubis au centre de chaque motif.

21 — Branche de corsage, argent doublé or, roses, et un brillant au centre d'une fleur.

22 — Broche fleur, perle baroque et brillants.

23 — Épingle de cravate, perle baroque.

24 — Bague or, rubis entouré de brillants.

25 — Deux boutons d'oreilles, perles et brillants.

26 — Bracelet rigide, formé de grecques en brillants blancs et brillants bruns sur or et sur argent.

27 — BROCHE-PENSÉE, brillants bruns, montés sur or; au centre, un rubis.

28 — BAGUE or, saphir entouré de brillants.

29 — BROCHE croissant en brillants avec petite étoile en brillants, argent doublé.

30 — BROCHE-NŒUD, quatre coques or et argent doublé, pavée de brillants bruns et de brillants blancs.

31 — BAGUE or, rubis entouré de brillants.

32 — BRACELET rigide, saphir et brillants.

33 — BROCHE en forme d'oiseau exécuté en roses, œil formé d'un petit rubis.

34 — BAGUE or, saphir fantaisie entouré de brillants.

35 — BAGUE or, ornée d'une perle percée, avec une petite rose, corps en brillants.

36 — DEUX BROCHES-CLOUS or, brillants de fantaisie.

37 — BAGUE chevalière, jonc or poli, ornée de trois brillants.

38 — BAGUE jonc or mat, ornée d'un brillant.

39 — DEUX BROCHES-HACHETTES, brillants et rubis.

40 — DEUX BAGUES ornées chacune d'une perle, corps en brillants.

41 — BAGUE jonc or mat, ornée d'un brillant.

42 — DEUX BOUTONS de manchettes, perles, navettes rubis, petits brillants

43 — BAGUE jonc or mat, ornée d'un brillant.

44 — BAGUE à trois corps, saphir et brillants fantaisie.

45 — BAGUE à trois corps, saphir et brillants.

46 — SIX BRACELETS variés or et pierres diverses.

47 — CINQUANTE-DEUX BAGUES or et pierres diverses. (Ce lot pourra être divisé.)

48 — TROIS MONTRES variées, or.

49 — Quatre montres de dame, or.

50 — Vingt-trois broches, or et pierres diverses. (Ce lot pourra être divisé.)

51 — Onze épingles de cravate variées.

52 — Bague à deux corps, brillants sur or.

53 — Broche - papillon, brillants, saphir cabochon, six petits rubis.

54 — Bague à trois corps, saphir et brillants fantaisie.

55 — Broche en forme d'éventail, pavée de brillants.

56 — Bracelet souple, festons, tout brillants.

57 — Broche ornée d'une perle, entourée d'un double rang de brillants.

58 — Broche-barrette, ornée d'un saphir cabochon et de quatre brillants carrés.

59 — Bague à deux corps, ornée de deux saphirs ; corps en roses.

60 — COLLIER en brillants bruns, montés
sur or, décor de guirlandes.

61 — COLLIER sur velours, avec deux motifs,
et pendant brillants et turquoises.

62 — GRAND DIADÈME, exécuté en brillants et
briolettes montés sur or.

63 — BROCHE, forme ruban, brillants blancs
et brillants bruns, à cinq coques et deux
pampilles-perles.

64 — DIADÈME, brillants et briolettes.

65 — DEUX BROCHES, forme cœurs, brillants
et rubis spinels.

66 — BROCHE en forme de double ancre
marine, ornée de deux rubis spinels, de
brillants et de roses.

67 — BROCHE-PENSÉE, brillants sur or, avec
rubis au centre.

68 — DEUX BROCHES en forme de feuilles de
lierre, or, brillants blancs et brillants
bruns.

69 — BRACELET souple, formé de six motifs rec-
tangulaires en brillants bruns, avec rubis
au centre de chaque motif; liens en or.

70 — DIADÈME argent doublé, orné de brillants, roses et rubis.

71 — BROCHE-FLEUR, exécutée en brillants et roses.

72 — MONTRE de dame, or, pavée de brillants.

73 — BAGUE chevalière, jonc or mat, orné d'un rubis et de trèfles en brillants.

74 — BRANCHE DE CORSAGE, argent doublé or, exécutée en roses et brillants.

75 — BRACELET souple, rubis et brillants.

76 — BROCHE-FLEUR exécutée en brillants et roses.

77 — BRACELET-GOURMETTE or, turquoises et brillants alternés.

78 — BRANCHE DE CORSAGE, argent doublé or, exécutée en brillants et ornée de sept perles.

79 — BROCHE, oiseau de paradis, roses, rubis et saphirs.

80 — BAGUE jonc, or mat, saphir entre deux
brillants.

81 — BROCHE fer à cheval, saphirs et brillants.

82 — BROCHE-BARRETTE ornée de brillants et
de grosses pierres de couleur.

83 — BROCHE-LIBELLULE, brillants bruns et
brillants blancs sur or et argent doublé,
un rubis au centre.

84 — BROCHE-BOURDON, roses et saphirs, argent doublé.

85 — BAGUE jonc or mat, ornée d'un brillant.

86 — DEUX BROCHES-CLOUS, brillants de fantaisie sur or.

87 — QUATRE BAGUES ornées chacune d'une
perle ; corps en brillants.

88 — DEUX BROCHES-HACHETTES, brillants et
rubis.

89 — DEUX BRACELETS or, brillants et saphirs.

90 — Quatre bagues ornées chacune d'une perle, corps en brillants.

91 — Deux bracelets or, avec montres, ornés de pierres diverses.

92 — Quatre bracelets variés.

93 — Trois bracelets or, brillants et roses.

94 — Trois montres de dame, or.

95 — Trois autres.

96 — Cinq broches rondes, roses, perles et saphirs.

97 — Cinq broches étoiles, or et roses.

98 — Six épingles de cravate, dont quatre en forme de haches, en brillants, et deux en forme de casquettes de jockeys, avec une perle.

99 — Quarante-huit bagues, or et pierres diverses. (Ce lot pourra être divisé.)